58

아름다운 마녀 키르케와 오디세우스

주니어RHK

신화의 가치

신화는 한 민족의 기원이나 역사적 · 종교적 · 문화적 삶의 모습을 보여 주는 옛이야기입니다. 주로 신과 영웅에 관한 이야기가 많고, 오랫동안 입에서 입으로 전해 내려왔다는 특징이 있지요.

우리가 살펴볼 그리스 로마 신화는 고대 그리스와 로마에 전해 오는 신화와 전설을 한데 묶은 것입니다. 그리스 로마 신화는 고대의 삶을 엿보게 해 주는 문화유산일 뿐만 아니라, 세계 여러 나라의 문학과 미술에 큰 영향을 끼쳤습니다. 하지만 문화적 가치만큼이나 중요한 것이 또 있습니다. 오래된 옛이야기이면서도 거기에 담긴 교훈적 가치가 오늘날에도 여전히 쓸모 있고 중요하다는 사실입니다.

놀랍지 않나요? 수천 년 전의 이야기가 어떻게 과학 문명이 고도로 발달한 오늘날에도 통하는 것일까요? 그것은 바로 그리스 로마 신화에 나오는 신과 영웅의 모습이 오늘날 우리의 모습과 다르지 않기 때문입니다. 신들도 우리처럼 분노하고, 질투하고, 실수를 하지요. 그런 모습을 보면서 우리는 깔깔 웃거나 눈물을 흘리고, 교훈과 감동을 얻습니다. 우리가 그리스 로마 신화를 읽어야 하는 까닭이 바로 이것입니다.

신화의 세계로 떠날 여러분에게 한마디 덧붙이자면, 신화는 우리에게 끝없는 상상력을 요구한다는 점입니다. 신화 속에는 수많은 은유와 상징이 곳곳에 널려 있지요. 따라서 신화를 읽을 때에는 상상력을 최대한 발휘하여 신화 속에 숨겨진 의미를 찾고, 그것을 자기 나름대로 재해석하는 과정이 필요합니다. 이렇게 읽었을 때에야 비로소 여러분 앞에 놀라운 삶의 이야기가 펼쳐질 것입니다.

자, 그럼 흥미진진한 신화의 세계 속으로 함께 떠나 볼까요?

오디세우스가 집으로 돌아가는 길은 멀기만 합니다.
외눈박이 거인 폴리페모스의 손아귀에서 겨우 벗어났다 했더니
이젠 또 사람을 동물로 바꾸어 버리는 마녀 키르케를 만나지요.
다행히 키르케와 화해하게 되지만,
사람을 제멋대로 조종하는 마녀 키르케로부터 벗어나
무사히 고향으로 돌아갈 수 있을까요?

주요 등장인물

포세이돈

올림포스 신들 중 한 명으로
바다를 지배하는 신이에요.
많은 자식들이 있으며
토오사와 사이에서
폴리페모스를 낳았어요.

키르케

태양 신 헬리오스의 딸로
무척 아름다우며 마법을 부릴 줄 알아요.
사람을 동물로 바꾸어 버리는
마법을 쓰는 것으로 유명해요.
오디세우스를 좋아하게 된답니다.

에우리로코스

오디세우스의 부인 페넬로페의 오빠이자
오디세우스가 이끄는 군대의 부대장이에요.
트로이 전쟁 때부터 오디세우스 곁에 머물며
온갖 일을 함께 겪었지요. 대장 오디세우스를
믿고 따르며, 상황 판단이 빠르고 무척 신중해요.

오디세우스

이타케 섬의 왕으로
트로이 전쟁의 영웅이에요.
아킬레우스가 죽은 후 위기에
빠진 그리스 군을 승리로
이끌어요. 이후 집에 돌아갈
때까지 아주 오랜 시간 동안
모험을 해요. 사려 깊고
현명하답니다.

1
계속되는 모험

오디세우스의 부하들이 섬에 발을 딛는 순간이었습니다.
갑자기 큰 바윗덩어리들이 날아오기 시작했습니다.

오디세우스를 놓친 폴리페모스는 억울하고 분해서 견딜 수가 없었습니다. 그래서 아버지에게 복수를 부탁하기로 했습니다. 폴리페모스의 아버지는 바다의 신 포세이돈이었습니다.

"아무것도 아닌 녀석이 제 눈을 찌르고 도망갔습니다."

"그 놈의 이름은 오디세우스다. 감히 겁도 없이 나의 자식을 괴롭히다니……. 내가 앙갚음을 해 주마."

포세이돈은 거대한 *삼지창을 들어 바다를 내리쳤습니다. 그러자 잔잔하던 바다가 무섭게 일렁이기 시작했습니다.

오디세우스 일행이 탄 배는 나뭇잎처럼 흔들렸습니다.

"큰 파도가 몰려옵니다. 이대로는 위험합니다!"

에우리로코스의 말대로 바다는 거대한 파도로 일렁이는 데다 폭풍우까지 몰아쳤습니다. 오디세우스는 침착하려 애를 쓰며 주위를 살폈습니다. 거센 폭풍우 사이로 얼핏 섬 같은 것이 보였습니다.

"멀지 않은 곳에 섬이 있다. 저쪽으로 가자."

*삼지창 끝이 세 갈래로 갈라진 창.

배는 고생 끝에 섬에 닿았습니다. 부하들은 바닷가에 닻을 내리고 분주히 내릴 준비를 했습니다.

오디세우스는 배 위에서 섬을 둘러보았습니다. 섬은 쥐 죽은 듯 고요했습니다. 왠지 느낌이 좋지 않았습니다.

“이 배는 저쪽에다 대야겠다.”

“왜 그러십니까?”

에우리로코스가 이해할 수 없다는 듯 물었습니다. 오디세우스는 말없이 의심스러운 눈으로 섬을 바라보았습니다. 뭔가 이유가 있을 것 같아서 에우리로코스는 더 이상 묻지 않았습니다.

"알겠습니다. 명령대로 하겠습니다."

오디세우스의 배는 좀 떨어져서 닻을 내렸습니다.

오디세우스의 부하들이 섬에 발을 딛는 순간이었습니다. 갑자기 큰 바윗덩어리들이 날아오기 시작했습니다.

오디세우스는 놀라서 어떻게 된 일인지 살펴보았습니다. 가만 보니 저 너머에서 사람들이 *투석기를 이용해 돌을 날려 보내고 있었습니다. 에우리로코스가 당황한 얼굴로 말했습니다.

"투석기를 쓰는 것을 보니 이 섬은 라이스트리고네스 사람들이 사는 섬인가 봅니다."

"어떤 사람들인가?"

"싸우는 것을 밥 먹는 것보다 더 좋아한다고 합니다."

"이런 나쁜 사람들이 있나? 자, 가자."

"안 됩니다. 자칫 잘못하다간 다 죽을 수 있습니다."

***투석기** 두 개의 활시위의 가운데 부분에 돌을 받치는 데가 있어서 시위를 당겼다 놓으면 돌이 날아가게 되어 있는 장치.

에우리로코스의 말이 맞았습니다. 라이스트리고네스 사람들은 줄기차게 돌을 던질 뿐 아니라 아예 창까지 들고 다가오고 있었습니다. 게다가 그 수가 엄청나게 많았습니다.

식인 거인 족, 라이스트리곤

이탈리아 남쪽에 살았다고 전해지는 거인 족으로 사람을 잡아먹는 풍습을 가지고 있었다고 해요. 여럿이 모이면 '라이스트리고네스'라고 부르지요. 원래 이야기에는 오디세우스가 병사 두 명을 먼저 내려 보내고 이들을 본 안티파테스라는 자가 그 자리에서 한 명을 잡아먹은 뒤, 도망치는 한 명을 쫓아 배가 있는 곳으로 왔다고 해요.

공격을 받은 부하들의 비명 소리가 들렸습니다. 오디세우스가 뛰쳐나가려 하자 에우리로코스가 막았습니다. 에우리로코스는 말없이 고개를 저었습니다.

오디세우스는 부하들이 당하는 것을 그저 지켜보아야 했습니다. 부하들이 세워 놓은 배들은 곧 한 척도 남김없이 가라앉았습니다. 또 물에 빠져 허우적거리는 부하들은 라이스트리고네스 사람들이 던진 돌에 맞았습니다.

"어서 도망쳐야 합니다."

에우리로코스가 재촉했습니다. 섬사람들은 어느새 오디세우스가 탄 배 쪽으로 다가오고 있었습니다. 하지만 오디세우스는 발길을 뗄 수가 없었습니다.

"다친 부하들을 구해야 한다."

"그랬다간 한 사람도 살아남지 못할 것입니다. 어서 출발 명령을 내리십시오!"

에우리로코스는 간절히 말했습니다.

"알겠다. 이곳을 빠져나가자."

마침내 오디세우스는 명령을 내렸습니다. 돌이 빗발치듯 쏟아지는 가운데 배는 출렁거리며 방향을 돌렸습니다. 부하들은 힘을 다해 노를 저었습니다. 마침내 배는 간신히 섬에서 멀어졌습니다.

그러나 오디세우스의 마음은 무겁기만 했습니다. 끝없이 펼쳐진 바다를 떠도는 동안 죽어 나간 부하들 생각이 났습니다. 힘들었던 전쟁이 끝난 뒤, 함께 고향으로 돌아가자고 약속했던 부하들이었습니다.

'대장이면서도 약속을 지키지 못 했구나.'

오디세우스는 무척 슬펐습니다.

그렇게 몇 날 며칠을 떠도는 동안 먹을 것이 바닥났습니다. 모두 굶주린 배를 움켜쥐었습니다. 그러던 어느 날이었습니다.

“저 앞에 섬이 보입니다.”

에우리로코스의 말에 오디세우스는 몸을 일으켰습니다. 아무리 힘든 일이 계속돼도 살아날 희망은 있었습니다. 멀고 먼 고향으로 돌아가려면 그 희망을 잃지 말아야 했지요. 이제 섬이 나타났으니 먹을거리도 구하고 쉬어 갈 수 있을 것입니다. 오디세우스가 명령을 내렸습니다.

“저 섬으로 가자.”

2
마녀가 사는 섬

에우리로코스는 재빨리 손으로 귀를 막았습니다.

'너무나 순한 맹수들,

갑자기 들려오는 음악 소리……. 대체 뭐지?'

배가 섬에 닿았습니다. 오디세우스는 먼저 배에서 내려 주위를 살펴보았습니다. 모래사장은 깨끗하고 아무 소리도 들리지 않았습니다.

"이 섬이 어떤 섬인지 알고 있느냐?"

"글쎄요, 이름은 '아이아이에'라고 한답니다. 하지만 사람이 전혀 보이지 않는군요."

에우리로코스의 말대로 사람이 사는 흔적은 보이지 않았습니다. 오디세우스와 부하들은 더 깊은 곳으로 들어가 보았습니다.

그러나 어디에도 사람은 보이지 않았습니다. 그때였습니다.

"앗, 저기 보십시오!"

에우리로코스가 가리킨 곳에는 사람이 지은 것으로 보이는 궁전이 있었습니다.

'참으로 이상하군. 사람이 사는 흔적은 없는데 궁전이 있다니.'

오디세우스와 부하들은 놀란 눈으로 궁전을 바라보았습니다. 지금까지 여러 차례 위험을 만났으니, 여기서도 마음을 놓아서는 안 되었습니다. 오디세우스는 어떻게 할까 생각했습니다.

'다 같이 깊숙이 들어갔다가 지난번처럼 갑작스런 공격을 받을 수도 있지. 하지만 먹을 것을 구하려면 좀 더 둘러봐야 할 텐데.'

그때 에우리로코스가 앞으로 나섰습니다.

"제가 가 보겠습니다."

"자네가? 괜찮겠나?"

"괜찮습니다. 용맹한 부하 몇 명과 함께 가서 살펴보고 오겠습니다."

오디세우스는 조심하라고 당부한 뒤, 배에서 기다리겠다며 돌아갔습니다.

에우리로코스는 부하들과 함께 궁전으로 다가갔습니다. 그런데 갑자기 숲에서 무슨 소리가 들려왔습니다. 에우리로코스는 손을 들어 부하들을 멈추게 했습니다.

"쉿!"

에우리로코스는 귀를 기울였습니다. 거센 바람 소리 같은 것이 점점 가까워졌습니다. 그러면서 무엇인가 알 수 없는 것이 빠르게 움직이더니 에우리로코스와 부하들을 에워쌌습니다.

"앗! *맹수들입니다."

부하 하나가 외쳤습니다. 금세 눈앞에 몸집이 큰 맹수들이 나타나 일행을 둘러쌌습니다. 에우리로코스는 칼을 뽑아 들었습니다.

*맹수 주로 육식을 하는 사나운 짐승. 사자나 범 따위를 이른다.

에우리로코스는 자기도 모르게 손끝이 파르르 떨렸습니다.

'놈들의 수가 너무 많군. 이 일을 어쩐다.'

에우리로코스는 손에 힘을 주었습니다. 맹수들이 슬금슬금 다가왔습니다. 하지만 조금 이상했습니다. 맹수들은 공격할 뜻이 없어 보였습니다. 다가오긴 했지만 오히려 졸린 것 같은 얼굴을 하고 있었습니다.

'이건 또 무슨 일이지?'

맹수들은 다가오더니 에우리로코스의 손을 핥았습니다. 부하들이 말했습니다.

"이 맹수들은 하나도 사납지가 않군요. 꼭 집에서 기르는 개나 고양이 같습니다."

부하들의 말이 맞았습니다. 맹수들은 애완동물처럼 가르랑거리며 순하게 굴었습니다. 부하들은 맹수의 등을 어루만지며 웃음을 지었습니다.

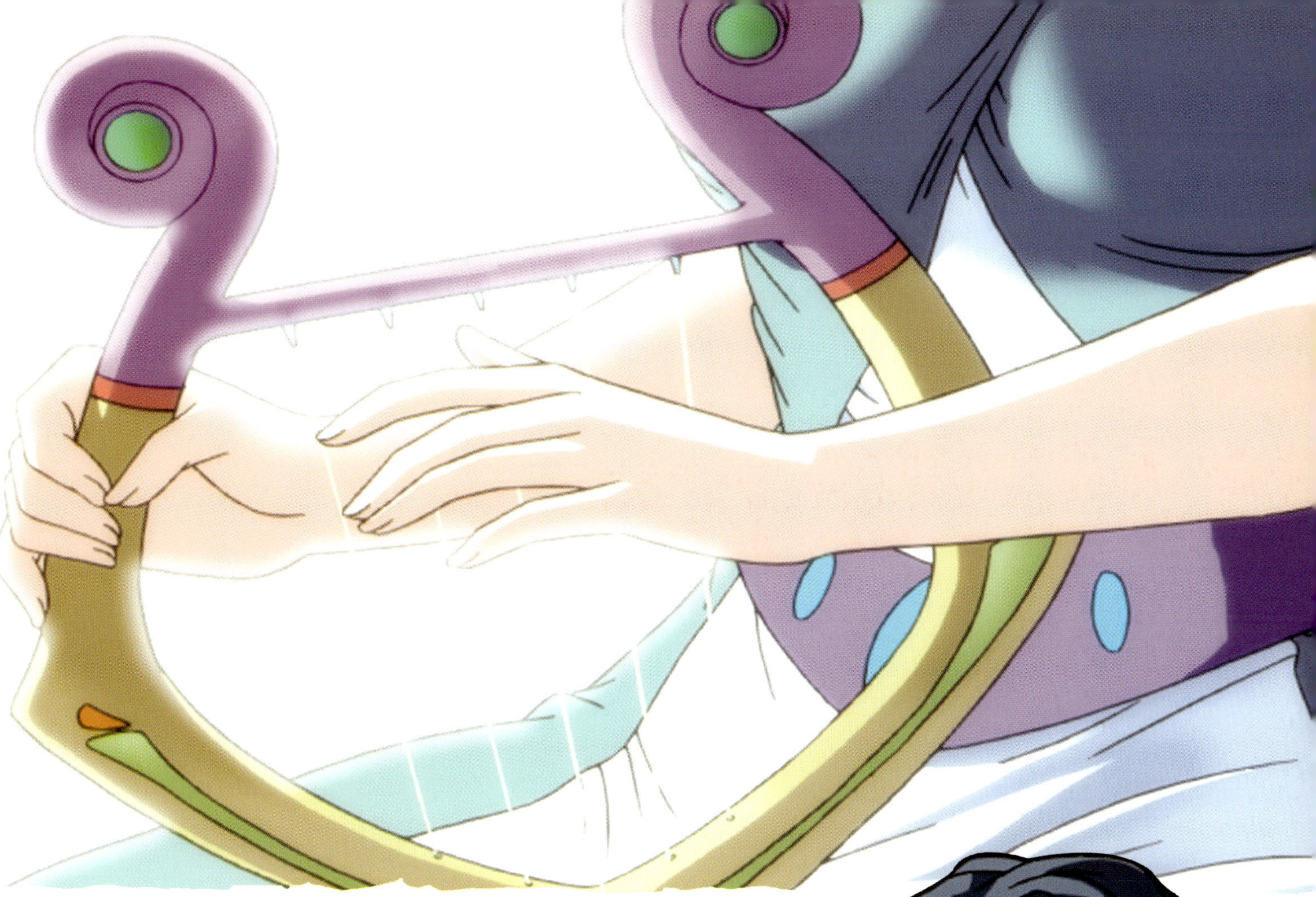

그때였습니다. 궁전에서 음악 소리와 함께 아름다운 여인의 목소리가 들려왔습니다. 에우리로코스는 재빨리 손으로 귀를 막았습니다.

'너무나 순한 맹수들, 갑자기 들려오는 음악 소리……. 대체 뭐지?'

하지만 이미 부하들은 음악 소리에 취한 듯 궁전을 향해 발걸음을 옮기고 있었습니다.

"서라. 가면 안 돼!"

에우리로코스가 말렸지만 부하들은 넋이 나간 얼굴로 멈추지 않았습니다. 에우리로코스는 귀에서 손을 떼지 않고 부하들의 뒤를 쫓아갔습니다.

부하들은 서서히 빨려 들어가듯 궁전 안으로 들어갔습니다. 에우리로코스는 기둥 뒤에 숨어 지켜보았습니다.

안에서는 아름다운 여인 하나가 리라를 튕기며 노래를 부르고 있었습니다. 그녀는 깜짝 놀랄 만큼 아름다웠습니다. 여인은 부하들을 보자 리라를 내려놓고 말했습니다.

"아이아이에 섬에 오신 것을 환영합니다. 나는 이 섬의 주인 키르케입니다. 배가 고프실 테니 식사부터 대접하겠습니다."

아름다운 마녀 키르케

〈키르케〉 라이트 바커

키르케는 태양 신 헬리오스의 딸로 미노스 왕의 아내 파시파에와 자매예요. 또 잔인한 마녀 메데이아와 친척 사이지요. 뛰어난 미모로 남자를 유혹하는 것으로 잘 알려져 있지요. 그림에는 얌전한 맹수들에 둘러싸인 키르케가 보여요. 아름다우면서도 신비로운 분위기예요.

키르케는 부하들을 식탁으로 안내했습니다. 식탁 위에는 온갖 먹음직스러운 음식이 한가득 차려져 있었습니다. 키르케가 웃으며 말했습니다.

"마음껏 드십시오. 음식은 얼마든지 있으니까요."

말이 끝나자마자 부하들은 앞다투어 달려들었습니다.

"오호, 맛있는걸!"

부하들은 *게걸스럽게 접시를 비워 댔습니다. 먹고 또 먹느라 정신이 없었습니다. 그런 부하들을 키르케는 미소 띤 얼굴로 지켜보았습니다.

***게걸스럽다** 몹시 먹고 싶거나 하고 싶은 욕심에 사로잡힌 듯하다.

그러더니 천천히 다가가 지팡이를 들어 부하들의 몸을 건드렸습니다.

그런데 이게 웬일입니까? 순간 부하들은 모두 돼지로 변하고 말았습니다. 기둥 뒤에 숨어 있던 에우리로코스는 하마터면 소리를 지를 뻔했습니다.

키르케는 부하들을 돼지우리에 몰아넣고는 도토리를 던져 주었습니다. 에우리로코스는 궁전을 빠져나와 오디세우스가 기다리는 배로 달려갔습니다.

에우리로코스의 이야기를 들은 오디세우스는 두 주먹을 불끈 쥐며 벌떡 일어섰습니다.

“대장님, 잠깐만 기다리십시오. 그자는 보통 사람이 아닙니다. 마법을 부리는 자입니다. 대장님이라고 해도 쉽게 맞설 수 없어요.”

에우리로코스는 오디세우스를 막아섰습니다.

“내가 그 나쁜 마녀를 없애겠다. 소중한 내 부하들을 돼지로 만들어 버리다니."

오디세우스는 에우리로코스를 뿌리치고 성큼성큼 섬 안으로 들어갔습니다.

한편 여러 신들은 오디세우스의 모습을 지켜보고 있었습니다. 전쟁은 끝났지만 헤라와 아테나, 아프로디테는 여전히 편을 나눠 오디세우스를 방해하는가 하면 돕기도 했습니다. 제우스는 헤라와 아테나의 부탁을 받고, 헤르메스를 오디세우스에게 보냈습니다.

궁전을 향해 달려가는 오디세우스 앞에 낯선 젊은이 하나가 나타났습니다.

“당신은…….”

오디세우스의 눈이 커졌습니다. 날개 달린 신발을 신고 지팡이를 든 젊은이는 누가 봐도 헤르메스 신이었습니다.

“그래, 오디세우스. 나는 제우스 님이 보낸 심부름꾼 헤르메스다. 너 혼자 가서 어쩌겠다는 것이냐? 섬 안에 있는 자는 키르케라는 마녀다. 너는 키르케의 마법을 이길 수 없다.”

“그래도 가야 합니다. 부하들을 돼지로 만든 것을 보고 그냥 있을 수는 없습니다.”

헤르메스는 품에서 무언가를 꺼내 오디세우스에게 주었습니다.

"이 약초를 몸에 지니고 가라. 그러면 키르케의 마법이 통하지 않을 것이다."

"헤르메스 님, 감사합니다."

오디세우스는 약초를 소중히 품에 넣었습니다. 그런 다음 헤르메스에게 감사 인사를 하고는 궁전으로 달려갔습니다.

키르케의 궁전 앞에 선 오디세우스는 주먹을 불끈 쥐었습니다.

'반드시 부하들을 구해 오겠다.'

그 모습을 키르케가 웃으며 지켜보고 있었습니다.

"어머, 늠름한 돼지가 또 하나 들어오네. 오늘따라 수확이 아주 좋구나."

그런 줄도 모르고 오디세우스는 성큼성큼 궁전으로 들어갔습니다.

3
키르케와의 만남

오디세우스는 날카로운 칼을 뽑아 들었습니다.

"이 사악한 마녀야! 감히 내 부하들을 돼지로 만들어?"

키르케는 오디세우스를 반갑게 맞았습니다.
"멋진 손님이 왔군요. 이쪽으로 오시지요."

오디세우스는 키르케의 뒤를 따라갔습니다. 과연 온갖 먹음직스러운 음식이 한 상 가득 차려져 있었습니다. 오랜만에 음식을 본 오디세우스는 저도 모르게 눈이 휘둥그레졌습니다.

오디세우스는 허겁지겁 음식을 먹는 척했습니다. 키르케는 흐뭇한 얼굴로 오디세우스를 지켜보고 있다가 슬그머니 지팡이를 들었습니다. 그러고는 지팡이를 오디세우스의 등에 갖다 댔습니다.

그러나 아무 일도 일어나지 않았습니다. 키르케는 다시 한 번 지팡이를 오디세우스의 등에 댔습니다. 하지만 오디세우스는 그 무엇으로도 변하지 않고 그저 식탁 앞에 앉아 있었습니다.

"아니, 어떻게 된 거지? 뭔가 잘못된 거야."

당황한 키르케가 지팡이를 다시 한 번 휘두르려는 순간, 오디세우스가 벌떡 일어섰습니다. 오디세우스는 헤르메스가 준 약초를 키르케에게 던졌습니다. 그러자 키르케는 옴짝달싹도 못하고 힘을 잃었습니다. 오디세우스는 날카로운 칼을 뽑아 들었습니다.

"이 사악한 마녀야! 감히 내 부하들을 돼지로 만들어?"

키르케는 얼굴이 하얗게 질린 채 벌벌 떨었습니다.

"제발 살려 주세요. 살려 주시면 부하들을 사람으로 되돌려 놓겠습니다."

"그것뿐이냐?"

"앞으로 다시는 나쁜 마법을 쓰지 않겠습니다. 또 궁금하신 것은 모조리 알려 드리겠습니다. 제우스 님의 이름을 걸고 맹세합니다."

오디세우스는 그제야 칼을 거두었습니다.

키르케는 지팡이를 들고 돼지우리 앞에 섰습니다. 키르케가 지팡이를 휘두르자 돼지로 변했던 부하들이 원래 모습으로 돌아왔습니다.

"와, 이게 어떻게 된 일이야?"

부하들은 어리둥절하다가 오디세우스를 보고 모든 것을 알아차렸습니다.

"대장님, 정말 감사합니다."

오디세우스는 키르케를 데리고 밖으로 나왔습니다.

키르케와 오디세우스

오디세우스는 키르케의 섬에서 거의 일 년이나 머물렀다고 해요. 또 다른 이야기에 따르면 오디세우스는 한 달인 줄 알았으나 사실은 일 년이 지나갔다고 하지요. 그러는 동안 오디세우스는 키르케와 사랑에 빠져 아들 텔레고노스와 딸 카시포네를 낳았다고 해요. 훗날 텔레고노스가 낳은 아들 이탈로스에서 오늘날 이탈리아라는 이름이 비롯되었답니다. 또 텔레고노스는 여러 도시를 세운 것으로 알려져 있어요.

키르케가 지팡이를 휘두르자 맹수들도 사람의 모습으로 변했습니다. 그렇습니다. 이 섬은 원래부터 사람이 없는 섬이 아니었습니다. 키르케가 모조리 짐승으로 바꿔 놓았던 것이지요.

키르케는 오디세우스에게 공손히 말했습니다.

"이번에는 제대로 된 음식을 대접하겠습니다. 저의 정성을 받아 주십시오."

오디세우스는 배에서 기다리던 부하들까지 궁전으로 불러들였습니다. 키르케는 커다란 식탁에 맛있는 음식을 정성껏 차렸습니다. 오디세우스 일행은 그동안 굶주렸던 배를 실컷 채웠습니다.

나쁜 마녀였던 키르케는 이제 착한 사람으로 바뀌었습니다. 덕분에 오디세우스 일행은 오랜만에 편안히 즐거운 한때를 보냈습니다.

4
또다시 바다로

"고향을 잊으셨습니까? 우리의 가족이 기다리는
그 고향을 잊었느냐는 말입니다.
페넬로페 왕비님과 텔레마코스 왕자도 잊으셨나요?"

그 뒤로도 쭉 키르케가 정성껏 돌봐 주자 오디세우스는 마치 고향에 온 것 같은 기분이 들었습니다. 잠시라도 마음을 놓아 본 적 없던 오디세우스였지만, 키르케 곁에서는 편안히 마음 놓고 지냈습니다. 키르케도 오디세우스를 좋아해 오디세우스가 말하는 것은 무엇이든 들어주었습니다.

하지만 오디세우스를 지켜보는 에우리로코스는 마음이 편치 않았습니다. 용맹하던 오디세우스의 모습은 어디론가 사라지고, 놀고 쉬는 데 정신을 빼앗긴 오디세우스만이 있었기 때문입니다.

에우리로코스는 오디세우스를 일깨웠습니다.

"이제 그만 돌아가셔야지요."

"아니다. 이곳이 고향보다 더 좋구나."

몇 마디 더 해 보았지만 오디세우스의 대답은 달라지지 않았습니다. 에우리로코스는 화가 치밀어 벌떡 일어났습니다.

"당신은 내가 알던 오디세우스가 아니군요!"

몹시 화가 나서 거칠어진 에우리로코스의 태도에 오디세우스도 화가 났습니다.

"감히 나한테 대들어? 지금 대장인 나한테 싸움을 거는 게냐?"

오디세우스는 에우리로코스에게 주먹을 날리려 했습니다. 에우리로코스는 그 주먹을 간신히 피하며 소리쳤습니다.

"오디세우스, 고향을 잊으셨습니까? 우리의 가족이 기다리는 그 고향을 잊었느냐는 말입니다. 페넬로페 왕비님과 텔레마코스 왕자도 잊으셨나요?"

아내와 아들의 이름을 듣자 오디세우스는 정신이 번쩍 들었습니다.

'내가 지금 여기서 뭘 하고 있는 거지?'

에우리로코스는 칼을 빼 들어 날카로운 칼날을 자신의 목에 가져다 댔습니다.

"오디세우스 님이 계속해서 여기 머무실 거라면 저는 차라리 이곳에서 죽겠습니다."

오디세우스는 재빨리 몸을 움직여 에우리로코스의 칼을 빼앗았습니다. 그러고는 에우리로코스의 손을 꽉 잡았습니다.

"미안하네. 내가 잠시 정신을 잃었네."

"이제 다시 제가 아는 위대한 대장 오디세우스로 돌아오신 건가요?"

"그렇다네. 자네 덕분에 내가 할 일을 깨달았네."

오디세우스는 에우리로코스의 어깨를 감싸 안았습니다. 그리고 부하들에게 외쳤습니다.

"자, 이제 휴식은 끝났다. 어서 배로 가자. 우리의 고향 이타케로 돌아가자."

부하들이 모두 일어나 환호성을 질렀습니다.

"오디세우스 만세!"

"드디어 고향으로 돌아가게 되었다!"

이타케 섬

오디세우스는 이타케 섬의 왕으로 나오는데, 이타케 섬은 실제로 이오니아 해에 있는 작은 섬입니다. 섬의 크기는 크지 않지만 자연 항구가 잘 발달해 옛날부터 고대 도시를 이루어 왔지요. 미케네와 코린트의 유물, 고대 그리스의 유적들을 간직해 옛 기록을 증명하고 있답니다.

하지만 모두가 기뻐한 것은 아니었습니다. 키르케는 헤어지는 것이 서운해 눈물을 글썽였습니다.

"그동안 정말 고마웠소. 하지만 이제 돌아갈 때가 되었소."

"저도 즐거운 시간을 보냈습니다. 무사히 돌아가십시오. 하지만 돌아가는 길에 조심해야 할 것들이 있어요. 이 섬을 떠나면 곧 세이렌들이 사는 바다를 지나가야 합니다."

"세이렌?"

"세이렌은 바다의 요정들이에요. 배가 지나갈 때마다 노래를 부르는데 그 노래를 들으면 저도 모르게 바다에 뛰어들게 된답니다.

세이렌의 노랫소리가 들리지 않도록 *밀랍으로 귀를 막으세요."

키르케는 그밖에도 많은 것들을 알려 주었습니다.

오디세우스는 부하들과 함께 배에 올랐습니다. 그리고 바닷가에서 배웅하는 키르케에게 손을 흔들고 다시 바다로 나아갔습니다.

*밀랍 벌집을 만들기 위하여 꿀벌이 분비하는 물질.

신화 뒷이야기

OLYMPUS GUARDIAN

오디세우스의 별명은 바로 '꾀주머니 오디세우스'입니다. 헤라클레스나 아킬레우스처럼 신의 아들도 아니고, 그저 작은 왕국의 왕이었던 오디세우스가 신화 속 이야기에 오래오래 남을 수 있었던 것은 바로 이런 꾀와 지혜 덕분이었습니다. 혈기 왕성한 용기가 아니라 신중하고 현명한 오디세우스의 성격은 특히 괴물이나 적을 물리칠 때, 의견이 다른 동료들을 설득할 때 빛을 발하지요.

십여 년에 걸친 트로이 전쟁을 마친 것도 오디세우스의 꾀 덕분이었습니다. 속이 텅 빈 목마를 만들어 그 안에 숨고, 다른 군사들은 다 도망친 것처럼 착각하게 만들어 트로이 병사들을 무찌르지요.

트로이 전쟁 중에 아킬레우스와 아가멤논의 싸움을 중간에서 말린 것도 오디세우스요, 포로로 잡혀온 크리세이스를 아버지에게 돌려준 것도 다 오디세우스의 훌륭한 외교술 덕분이었습니다.

게다가 집으로 돌아오는 길에는 오디세우스 못지않게 지혜롭고 현명한 부대장 에우리로코스가 곁에 있었습니다. 올바르게 상황을 판단하고, 깊이 생각하는 훌륭한 부하였지요. 아무리 사려 깊은 오디세우스라도 세이렌을 만났을 때 에우리로코스와 같이 훌륭한 부하가 없었다면 이겨 내기 힘들었을 겁니다.

즉 그리스 사람들은 아킬레우스나 헤라클레스처럼 신성한 핏줄을 타고난 용감한 영웅도 필요하지만 오디세우스처럼 여러 사람의 의견을 모으고 설득하는 신중한 영웅도 필요하다고 생각했습니다. 몸으로 하는 싸움이 다가 아닌 현대에는 오히려 아킬레우스가 가진 영웅의 특성보다는 오디세우스가 가진 영웅의 특성이 더욱 필요하다고 볼 수 있답니다.

올림포스 신들의 계보

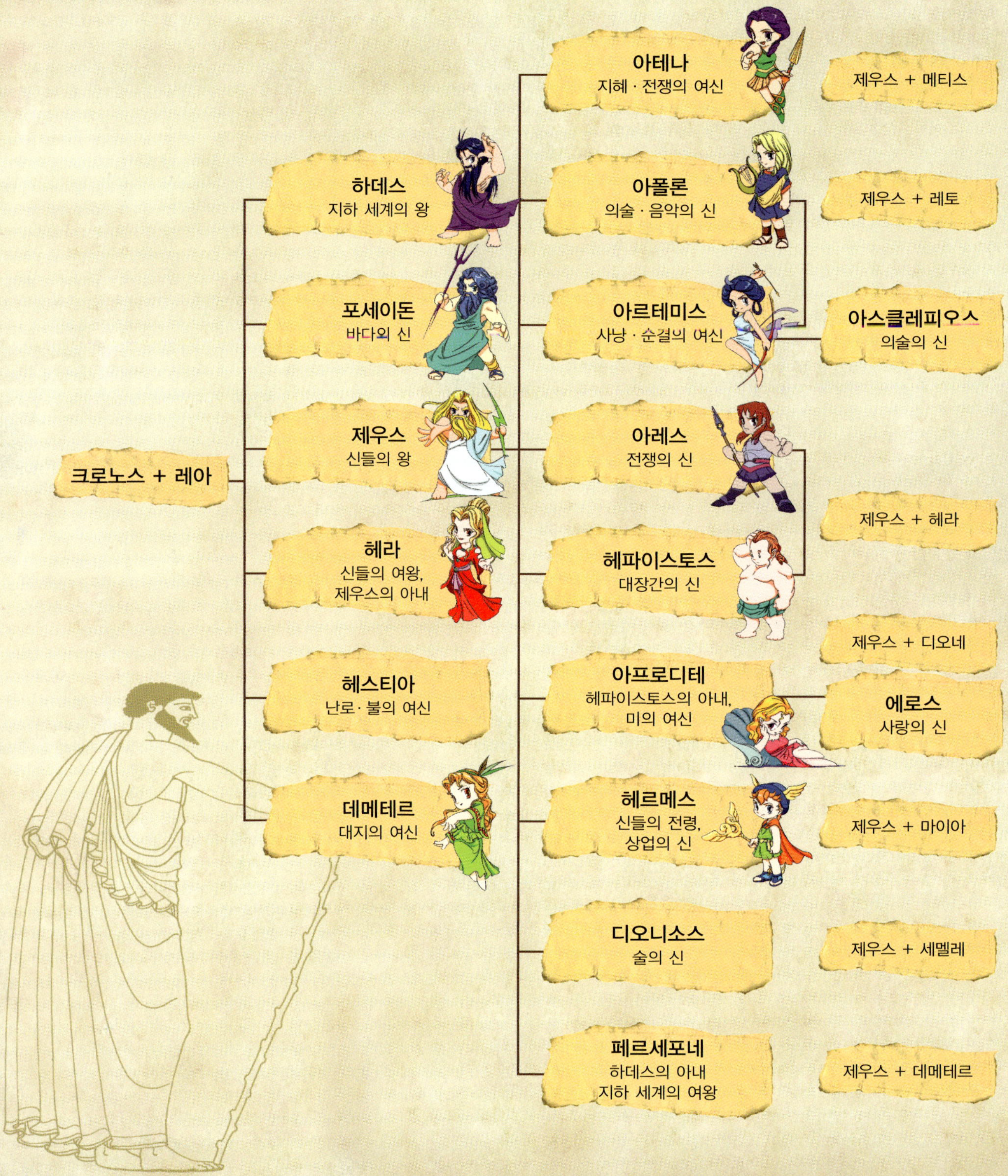

크로노스 + 레아
하데스
지하 세계의 왕
포세이돈
바다의 신
제우스
신들의 왕
헤라
신들의 여왕, 제우스의 아내
헤스티아
난로·불의 여신
데메테르
대지의 여신
아테나
지혜 · 전쟁의 여신
제우스 + 메티스
아폴론
의술 · 음악의 신
제우스 + 레토
아르테미스
사냥 · 순결의 여신
아스클레피오스
의술의 신
아레스
전쟁의 신
제우스 + 헤라
헤파이스토스
대장간의 신
제우스 + 디오네
아프로디테
헤파이스토스의 아내, 미의 여신
에로스
사랑의 신
헤르메스
신들의 전령, 상업의 신
제우스 + 마이아
디오니소스
술의 신
제우스 + 세멜레
페르세포네
하데스의 아내
지하 세계의 여왕
제우스 + 데메테르

그리스 로마 신화 주요 인물의 이름

그리스 어	로마 어	영어
가이아	텔루스	
니케	빅토리아	나이키, 빅토리
데메테르	케레스	세레스
디오니소스	바쿠스	바커스
레아	키벨레	시벨레
아레스	마르스	마스
아르테미스	디아나	다이애나
아테나	아테네, 미네르바	
아폴론	아폴로	아폴로
아프로디테	베누스	비너스
에로스	쿠피드, 아모르	큐피드
오디세우스	울릭세스	율리시스
우라노스	카일루스	유러너스
제우스	유피테르	주피터
크로노스	사투르누스	새턴
페르세포네	프로세르피나	
포세이돈	넵투누스	넵튠
하데스	플루톤	플루토
헤라	유노	주노
헤라클레스	헤르쿨레스	허큘리스
헤르메스	메르쿠리우스	머큐리
헤스티아	베스타	
헤파이스토스	불카누스	벌컨

그리스 로마 신화 올림포스 가디언 58
아름다운 마녀 키르케와 오디세우스

펴낸이 양원석
펴낸곳 (주)알에이치코리아
등록 2004년 1월 15일 제2-3726호
주소 서울특별시 금천구 가산디지털2로 53, 20층 (한라시그마밸리)
문의전화 02)6443-8800

ISBN 978-89-255-4368-0(74800)
ISBN 978-89-255-4354-3(세트)

값 **12,800원**

원작 만화로 보는 그리스 로마 신화(가나출판사)
이광진 엮음, 홍은영 그림
명화 구입처 유로크레온(주)